어머니의 베틀 노래

이현수 시집

어머니의
베틀 노래

한강

시인의 말

아지랑이 피어오르고 종달새 날아오르는 이 좋은 봄날에 부족한 사람이지만 시집을 낼 수 있어서 기쁘고 감사합니다.

등단한 지도 20년이 지났군요. 뒤돌아보니 고난과 역경 속에도 시가 있어서 위로가 되었습니다. 들판에 피어난 꽃잎을 보아도 자다가도 시상이 떠올라서 글을 써 모았습니다.

시집을 내기까지 응원해 준 사랑하는 우리 동생들, 그리고 고향 친구들에게 고맙고, 백세가 다 되신 사랑하는 우리 어머님께 이 시집을 바칩니다. 감사합니다.

지혜를 주신 하나님께 감사합니다.

2025년 5월에
이현수

이현수 시집 어머니의 베틀 노래

□ 시인의 말

제1부 고향 하늘

나의 아버지 —— 13
어느 실향민의 눈물 —— 15
안부 전화 —— 17
어머니 —— 18
어머니의 외로운 사랑 —— 19
사모곡 —— 20
슬픈 만남 —— 22
어머니의 베틀 노래 —— 24
회심 —— 25
고향 하늘 —— 26
인생의 겨울 —— 27
팔십 리 나그넷길 —— 28
길 잃은 철새가 되어 —— 29
동짓날 긴긴밤에 —— 31
소망·1 —— 32
소망·2 —— 34
소망·3 —— 35
나로 인하여 —— 36
에덴의 동산으로 —— 37
과원지기 —— 38
실종·1 —— 39
실종·2 —— 40

어머니의 베틀 노래　　　　　　　　　　　이현수 시집

41 ── 그저 바라보신다
42 ── 제자리에 세우라
43 ── 환희
44 ── 사랑 나무

제2부 사랑의 편지

49 ── 제아무리 좋아도
50 ── 울타리
51 ── 고난 후에 영광
52 ── 무엇인가 되기 위하여
53 ── 나는 부요한 사람
54 ── 바람
55 ── 행복한 나그네
56 ── 슬픈 타향
57 ── 시인 마을
58 ── 고적한 밤에
59 ── 그리움
60 ── 사랑이여
62 ── 나를 깨우지 마라
63 ── 그대 생각
64 ── 우리의 사랑은
65 ── 고결한 그대
66 ── 사랑의 편지
67 ── 나 그대 곁에 머무를 수 없기에
68 ── 복사골 처녀

작년 이맘때가 되었나 보다 —— 69
당신은 —— 70
내 님은 오시려는가 —— 71
선녀처럼 천사처럼 —— 72
당신을 그리며 —— 73

제3부 진실한 열매

위선을 벗고 —— 77
신실한 열매 —— 79
감사할 수 있는 사람 —— 80
이런 자녀가 되게 하소서 —— 81
이 가을에 감사를 —— 82
자연과 사람 —— 84
참된 봉사 —— 86
천상에 본향을 둔 사람 —— 87
애가 —— 88
나그네 —— 90
왜? —— 92
심판의 날 —— 93
적막강산 —— 94
진주 조개 —— 95
유월이 오면 —— 97
열매 —— 98
진실한 열매 —— 99
태초에처럼 —— 100

어머니의 베틀 노래 이현수 시집

101 —— 등 너머 세계

제4부 뿌리 깊은 나무

105 —— 부엉이
106 —— 뿌리 깊은 나무
107 —— 은행나무 · 1
108 —— 은행나무 · 2
109 —— 민들레
110 —— 금빛 수선화
111 —— 노송
112 —— 하늘
113 —— 송선정
114 —— 봉접이라면 몰라도
115 —— 지상의 아름다움
116 —— 송학정
117 —— 회양목
118 —— 노을과 장미
120 —— 겨울나무
122 —— 춘색
123 —— 봄날에
124 —— 봄이여
125 —— 오월의 행복
126 —— 오월의 아름다움
127 —— 여름은 익어 가고

어머니의 베틀 노래

제5부 당신은 잘 아십니다

오! 베들레헴 —— 131
호리라도 남김없이 —— 133
춤추는 여인들 —— 134
향기로운 예물이 되어 —— 135
당신은 잘 아십니다 —— 136
구주 성탄 —— 138
부활 —— 140
주님은 사랑이시라 —— 141
어찌하오리까 —— 142
구원을 바라보라 —— 145
사도의 부탁 —— 147
상반된 마음 —— 148
호렙산 가시 떨기 —— 149
해 저문 날의 소망 —— 150
작은 자 같아 보일지라도 —— 151
여인의 간구처럼 —— 152
그날 —— 153
구원의 기쁨을 노래하라 —— 154
가이없는 당신이여 —— 155
긍휼 —— 156
고상한 인품 —— 158

제1부 고향 하늘

나의 아버지

오늘따라 아버지가 그립습니다
문득 아버지가 보고 싶네요
평생을 가족만을 위하여 오로지 가정만을 생각하며 사셨습니다
이 좋은 세상을 아무것도 누려 보지 못하시고
여행은커녕 유원지 놀러 한 번 못 가보신 아버지
좋은 곳에서 식사 한 번 못해 보시고 자식으로서
밥 한 끼 사드리지도 못해 본 불효한 자식입니다
고맙습니다, 사랑합니다, 감사합니다, 한 번도 말해 보지 못한
철부지 자식이었습니다
아버지는 오십도 못되어 하늘나라로 가셨습니다
어떻게 가족들을 잊으시고 눈을 감으셨는지요
새벽에 일어나 밤늦도록 일만 하시던 우리 아버지
손가락이 갈라지고 발이 갈라져 밥풀로 배접을 하고 다니셨지요
지금 생각하니 가슴이 짠하고 슬픔이 밀려옵니다
다행히도 어머니 건강하시고 우리 팔 남매 잘 자라서
모두 다 어른이 되었는데 살아생전에 속 썩이고

불효한 것 정말 죄송합니다
모든 시름 다 잊으시고 하늘나라에서 열두 보석으로 꾸민 집에서 평안을 누리십시오.

어느 실향민의 눈물

갈 곳을 잃은 철새처럼
나그네 되어
고향 산천 떠나온 지 반세기가 지났지만
내 마음은 종달이 떠오르는 내 살던 뒷동산에 노닐고
초가삼간 두고 온 처자식 생각에 잠 못 이루네
세상에 그 무엇을 다 준다 해도
금은보화 얻는다 해도 어찌 내 마음 흡족하고 기쁘겠는가
아련하고 허전한 마음 가눌 길 없어
오늘도 동산에 올라 북녘 땅 바라보며 하염없이 눈물 흘리네
눈을 크게 뜨면 보일 것만 같은
지척에 두고 온 처자식 생각에 통일되면 가리라 다짐하고서
내 딴에는 정절을 지키며 살려 했는데
어쩔 수 없이 등 떠밀려 장가들어 자식을 셋이나 두었다네
이산가족 찾기가 한창일 때
곧바로 신청하고 날려가고픈 마음 절실하고 너무도 간

절했지만
　그것마저도 마음대로 아니 되어
　가슴에 켜켜이 쌓인 한이 맺혀
　오늘도 남 모르게 소나무 숲에 올라 흐느끼며 뜨거운
눈물을 토하네
　여보 정말 미안하구려 사랑하는 딸아 정말로 미안하다
　못난 애비 용서하고, 원망스러워도 할 수 없구나
　부디 몸 건강히 행복하여라
　내 생전에 통일이 안 된다면 천국 가서나 만나 보자.

안부 전화

정처없이 떠도는 길 잃은 철새처럼
바람 부는 대로 흔들리는 돛단배처럼
그리도 떠돌더니
큰 눈망울 껌벅거리며 수원 근교에 자리 잡아
이제 좀 사는 것 같더니
설 명절 지나고 기쁜 소식 기다리며 안부 전화 했는데
이게 무슨 슬픈 소식입니까
두 달 전에 세상을 떠났다네요
남은 식구들은 어이하고 눈을 감았나요
하나둘씩 정겨운 사람들이 내 곁을 떠나가고
나도 요단강을 건널 돛단배를 준비해야 하겠지요
형은 정 샷갓이었고 나는 이 샷갓이었지요
파란만장한 지난날들이 주마등처럼 지나가네요
노아는 백 년 동안 배를 지었는데
나는 몇 년이 걸릴지는 모르지만
노도광풍에도 끄떡없는 아담하고 튼튼한 배를 지어야
아득하고 머나먼 강을 무사히 건너겠지요.

어머니

까치가 울섶을 날으며 노래하는 소리에
눈을 뜨니 고향이 보입니다
피어나는 감꽃을 보노라니
평화스런 고향의 모습입니다
선돌 모퉁이를 돌아서니
그립던 어머니의 얼굴이 보입니다
어머니를 생각만 하여도 가슴이 뭉클하고
어머니의 모습만 보아도 눈시울이 뜨거워집니다
세상에서 가장 따뜻한 이름 어머니
어머니를 불러만 봐도 코끝이 찡합니다
감사와 기쁨의 고마운 눈물이 납니다
애틋한 사랑과 안타까운 연민입니다
나약할 때 용기를 주시었고
외로울 때 버팀목이 되어 주셨습니다
기쁠 때 찬송으로 즐거움을 주시고
슬플 때 기도로 힘을 돋우셨습니다
어머니는 참으로 위대하십니다.

어머니의 외로운 사랑

그리움을 가슴에 품고
유복자를 배 안에 품고
그 숱한 날 노을 지는 황혼을 바라보며
배고픔도 목마름도 잊은 채
진흙밭 돌작밭을 일구느라
거북이 등짝 같아진
어머니의 손등을 생각하면
죄송스런 마음 금할 길 없네
뜨거운 바람 실어 오는 언덕에
젖은 수건 머리에 덮어쓰고서
서러운 노랫소리 속으로 삼키면서
처량한 일상을 뇌아려 본다
청춘에 남편을 먼저 보내고
기나긴 밤을 뜬눈으로 지새우신 나의 어머니
머나먼 행운의 소리에 귀 기울이며
거친 땅을 일구어 씨 뿌리던
끈질긴 어머니의 외로운 사랑
하염없는 눈물에 얼굴이 젖고
유월 장맛비에 베적삼이 젖어드네.

사모곡 思母曲
― 어머니 생각

봄이 오면 생각이 납니다
텃논에다 무 장다리 정성껏 심으시고
마늘밭을 태우시며 가슴을 태우시며
텃밭에 감자 심고 호박 심으시면서
자식들이 잘되기를 고대합니다

여름이 오면 생각이 납니다
동부새 불어오고 먹구름 몰려올 때도
찢어진 비닐우산 광주리에 담아 이고서
호미 들고 논밭으로 달음질을 치셨네
때가 지난 줄도 모르시고 김을 매셨네
소나기 빗물에 옷이 젖고
눈물에 얼굴이 젖네

가을이 오면 생각이 납니다
사창 뜰에 심어 논 벼는 누가 거두며
정담 밭에 심어 논 콩은 누가 거들꼬
식구들은 많은데 일 거들 사람은
몇 아니 되고

쌀팔아 고추 팔아 일군을 사 모아도
제각기 바쁜 때라 선뜻 대답 아니하네

겨울이 오면 생각이 납니다
행여나 자식들 감기 들세라
어머님 문 옆에다 등을 대시고
팔 남매를 앞에 뉘어 바람을 막아 주시던
사랑하는 하늘 같은 나의 어머니
교회당 종소리에 새벽을 깨우시고
찬바람 맞으시며 교회당으로
무릎 꿇어 자식들 위하여
기도하시던 나의 어머니
자꾸만 생각이 납니다
때마다 일마다 생각이 납니다.

슬픈 만남

반세기 만에 만난 노모의 눈에서
눈물샘이 터지고
생판 모르는 이웃의 눈에서도
두 줄기 볼을 타고 흘러내린다
그리운 사람끼리 보고픈 사람끼리
아내와 남편이
부모와 자식이 만나는 자리가
기쁨의 잔치가 되어야 상식인데도
한반도가 마치 초상집인 양
눈물바다를 이룬다
눈을 크게 뜨고 서로를 바라다본다
다시는 헤어지지 말아야지 하면서도
또다시 이별의 시간이 오고야 만다
기약 없는 부모와 자식간의 헤어짐
야윈 가슴에 한을 묻고
정을 억누르고
차마 떨어지지 않는 발걸음을 돌린다
환하게 웃어야 할 사람들끼리
눈이 붓도록 울었다

가슴에 저미는 아픔과

목메임 속에

어두웠던 눈들이 열리어

서로를 알아볼 만하니 이별이란 말인가

닫혔던 말문이 열리고

숱한 세월의 쌓였던 한풀이도 못하고

또 헤어져야 하는가

막혔던 두 귀가 열리어

서로의 안부도 제대로 못 들었는데

기약 없이 잡은 손을 놓아야 하는가

아~ 불러 보고픈 그 이름 그리웠던 어머니, 아버지여

부디 다시 만날 때까지 건강하소서

아~ 불러 보고픈 그 이름 그리웠던 내 아들아 내 딸아

부디 다시 만날 때까지 건강하여라.

어머니의 베틀 노래

씨줄 날줄만큼이나 수많은 날들이
야속하게도 더듬거리는데
날이 밝으면 논밭으로
고된 줄도 모르고 지치운 몸을
밤이면 심지불 돋우어 베틀에 앉아
이경 삼경을 지나 새벽닭이 울 때까지
용두머리 노랫소리에
숲속의 부엉새도 잠을 깨어 합창을 하네
도투마리에 감긴 날줄들을 잉앳줄에 걸어
씨줄을 담은 북이 드나들며 바디채를 칠 때마다
섬섬옥수 몰코에 감기는구나
용두머리 처량한 노랫소리가
어머니의 구슬픈 노래가 되어
어두운 밤을 새하얗게 밝히어 주네.

회심

해는 기울어
서산마루를 넘고
깊어 가는 겨울밤
매서운 찬바람은 문틈으로 새어들고
집 나간 자식 생각은
홀로 계신 어머님의
가슴속까지 파고들고
엄동설한 기나긴 밤을
눈물로 지새우신 나의 어머니
불효한 이 자식은 그런 줄도 모르고
세상을 방황하며
이리 돌고 저리 돌고.

고향 하늘

내 고향 북녘 하늘에도
보름달은 어김없이 떠오르고
나 사는 곳 남녘 하늘에도
보름달은 어김없이 떠오른다
내가 살던 고향 땅을 지척에다 두고도
가고파도 갈 수 없는 가슴 아픈 사람들
부모 형제 그리워서 보고 싶어서
애타하며 뜨거운 눈물을
얼마나 흘렸던가
세월은 덧없이 지나고
눈물도 마르고 인정도 마르고
낯설은 곳 흘러든 지 반세기가 다 되었네
고향 하늘 넘나드는 저 구름이 부럽구나
정든 땅을 넘나드는 산새들이 부럽구나.

인생의 겨울

그렇게도 고왔던 얼굴이
골골이 주름으로 수놓아지고
그렇게도 고왔던 목소리가
변질된 음색으로 얼룩이 지고
그렇게도 고왔던 옷맵시가
퇴색한 단청처럼 변하였구나
삼단같이 고왔던 그 머릿결은
어느덧 파뿌리가 다 되었네
세월은 화살같이 빠르게 지나
살아온 인생길 뒤돌아보니
부끄러운 일들만 아른거리네.

팔십 리 나그넷길

바람처럼 스쳐 가는 세월이던가
팔십 리 나그넷길 한나절 길이
구름에 달 가듯이 흘러 지나고
어느덧 반나절 길을 지나왔구나
석양의 노을은 붉게 물들고
빛은 구름에 가리워져 어두워지니
외로이 걸어온 나의 인생길
굽이굽이 흘러서 예까지 왔구나
나의 가는 길은 석양의 그림자 같고
지난날을 돌아보니 후회와 한숨뿐
낯설고 물설은 타관 땅에 머무른지
어느덧 오십 년이 흘렀구나.

길 잃은 철새가 되어

네가 처음 세상에 태어나
눈을 뜨고 깃털을 부빌 때
우리는 얼마나 기뻤는지 모른단다
부드러운 것으로 잘게 씹어서 네 입에
채워 주고
맛있는 것만 골라서 네 배를 채워 주었지
외적의 침입도 막아 주고
내 가슴팍의 깃털을 뽑아 내어
추위도 막아 주고 비바람도 막아 주었지
그러나
네가 장성하고부터인가
짝을 지어 멋대로 독립을 하고부터인가
정들었던 둥지를 박차고 날아가 버렸지
어미 된 나는 쓸쓸하고 외롭기 시작했단다
세상에서 너를 제일로 믿었는데
어미는 어디로 가야 안식을 얻을는지
어제도, 오늘도
답답하기만 하구나
외롭고 쓸쓸하기가 그지없구나

봄이 오면 봄대로 따스함 때문에
살아가지만
여름이면 소낙비와 무더위에 지치는구나
가을에는 시원하고 풍성함에 산다지만
아~하 걱정이로다
눈바람 휘날리는 춥고 기나긴 겨울밤을
늘어진 날개로
시들어 가는 몸짓으로 어이 보낼꼬
아~ 그리운 본향이여
머나먼 나의 본향 길은 아직도 아니 보이고
어미 새는 오늘도 길 잃은 철새가 되어
허공을 맴돌다 지치운다.

동짓날 긴긴밤에

동짓날 긴긴밤에
지난날의 아름다운 추억을
살포시 떠올려 보고 싶소
딸아이 출가시키고
글썽이던 당신의 눈가엔
잔주름이 하나씩 늘어만 가고
나도 세월 따라
머리카락 반백이 되어 간다오
이다음에 우리 아들 장가가는 날
정숙한 며느리 맞이하는 날
기쁨으로 범벅이 된 당신 얼굴에
주름살이 하나둘 없어지는 날
나의 머리 반백이 검어지려나.

소망 · 1

대동강변 동산 기슭에
영산홍 아름다이 피어오르고
능라도 봄언덕에는
능금꽃이 곱게도 피어나는데
북녘 땅에 뒤덮인 검붉은 안개는
언제나 걷히려는가

대동강 푸른 물은
과거를 잊은 채 흘러내리고
부벽루에 휘늘어진 능수버들은
여름을 재촉하는데
모란봉에 피어오른 들국화는
영글어 가는 가을인가 싶었는데
허기진 배를 움켜쥔 채 너무도 지쳤구나
풍성한 가을 들녘이 그립구나
에덴 동산이 그립구나

을밀대에 올라 보니
옛날이 그리워지네

눈서리 찬바람에 푸른 시절 간 곳 없고
앙상한 가지들만 서려 있구나
북녘 땅 저 하늘 아래에도
찬바람 가셔지는 날
따뜻한 봄날은 돌아오겠지.

소망 · 2

키 작은 나뭇가지만 오르내리는
비비새처럼도 말고
키 큰 나무 끝에 둥지를 튼 새처럼
나뭇잎만 간지럽히는
애벌레처럼도 말고
꽃술 끝을 애무하며 유영하는 화려한 나비처럼
앙상한 가지 끝을 흘겨보는
조각달처럼도 말고
청록색 들녘 위에 떠오른 보름달처럼
광야를 내달리는 적토마의 숨소리처럼도 말고
호수를 바라보는 청순한 새악시의
가슴에서 흐르는 숨소리처럼
벼랑 끝에서 강하하는
독수리의 눈빛처럼도 말고
추녀 끝에서 사랑을 노래하는 비둘기의 평온한
눈망울처럼.

소망 · 3

깨끗하지는 아니할지라도
순수하게 하소서
화려하지는 아니할지라도
아름답게 하소서
거룩하지는 아니할지라도
경건하게 하소서
거부는 되지 아니할지라도
부요하게 하소서
호화로운 삶은 아니할지라도
행복한 삶이 되게 하소서
완전한 생활은 아니할지라도
온전한 생활이 되게 하소서.

나로 인하여

그로 인하여
나는 기뻐하였네
본향 찾아 날으는 백조처럼
그로 인하여
나는 웃음을 다시 찾았네
울섶에 피어난 나팔꽃처럼
그로 인하여
나는 노래할 수 있었네
녹음 방초 우거진 숲속의 새처럼
나로 인하여
그대가 기뻐할 수 있다면
기쁨을 선사하기 위하여 무엇인들 못하오리까
나로 인하여 그대가 웃을 수 있다면
화평을 선사하기 위하여 무엇인들 망설이리까
나로 인하여
그대가 노래할 수 있다면
행복을 선사하기 위하여 무엇인들 주저하리이까.

에덴의 동산으로

동산에 오르니 새들이 노래합니다
그들의 재잘거림에서
구성진 가락의 찬양의 노래를 배웁니다
천상의 노랫소리 같으옵니다
새들의 날갯짓에서 꿈과 희망을 배웁니다
우아한 자태에서 엄숙한 기도를 배웁니다
들녘은 온통 초록빛 향연으로 피어납니다
동산은 우아한 분홍빛 축제입니다
내 마음 들뜬 기쁨으로 날아오르려 하옵니다
자연이 우리를 오라 합니다
빛 고운 나뭇잎으로 싱그런 풀잎의 초대장으로
에덴의 동산으로 우리를 부르고 있습니다.

과원지기

이화가 만발한 건너편 과원에
화창한 아침은 열리고
부지런한 벌들이 줄을 잇는다
꽃그늘에 앉아 본 과원지기
지난날의 추억 속에 잠기어 보며
장래의 소망을 생각한다
나도 꽃 같은 연인을 맞이하여
한 백년 오손도손 살아보리라
꽃그늘 아래서
행복의 열매를 소망하며
밀어를 속삭이리라.

실종 · 1

향기 나는 꽃을 꺾는 사람아!
봉접이 날개를 접고 슬퍼할까 두렵구나
가녀린 날갯짓으로 십 리 길을 날아왔는데
향기는 꺾이어 눈물로 얼룩지고
여린 가슴의 상처는 어이할거나
어제까지도 행복에 겨워
꽃술에 입맞춤으로 황홀하였는데
한 모금 꿀을 머금어
백발의 주인을 섬기며 살려는데
아하 만물의 영장이라는 인생들이 두렵구나
소망을 꺾어 버린 마음들을 헤아릴 수 없구나.

실종 · 2

숲을 자르는 굉음 소리에,
휑하게 뚫린 하늘을 우러러 탄식을 하는구나
평화스런 숲을 파헤치는 모습 속에
산새들 보금자리를 잃어,
원망스런 눈망울로 한숨을 토하는구나
고라니 떼
맨살이 드러나고 양식도 나뒹굴어
허기진 배로 기나긴 겨울밤을 어이 보낼꼬
도도함의 총성 앞에 천지가 무너져 내리고
야윈 가슴을 떨리게 하는구나
숲속을 헤집는 사냥견의 더러운 냄새가 코끝을 더럽히기 전
가자, 떠나자
화약 냄새와 사냥견의 아가리를 탈출하여
기화요초 만개하여 동무들 노래하는 풍요로운 곳으로
호숫가 무지개로 다리 놓은 에덴의 동산으로….

그저 바라보신다

감사할 조건에만 감사하고
낙심하여 실족할 때에도
철없음을 꾸짖지 아니하시고
입가에 미소를 지으시며 그저 바라보신다
연약하여 언행에 실수가 많아도
책망하지 아니하시고
스스로 고치시기를
조용히 그저 기다리신다
형제끼리 서로 물고 싸울 때에도
누구 편을 들 수 없어
안타까운 마음으로 망설이시며
그저 바라만 보신다
때로는 물질을 달라고
때로는 욕심을 부려도
연약한 믿음을 보시고
말없이 그저 눈물만 흘리신다
서로 짐을 지며 인자한 마음으로
그늘지고 외로운 곳에 마음을 둘 때
흐뭇한 표정으로
그저 바라보신다.

제자리에 세우라

도심의 불빛은 현란한데
넉넉한 가슴들은 실종되고
이방인들로 들끓는다
너 방황하는 도심의 거리여
남편을 잃은 청상과부처럼
비녀를 풀고 얼굴을 가리우고
애통하여도 모자라리라
미움의 고리를 풀어
동족을 사랑으로 얼싸안으라
마음의 빗장을 열어
흔들림을 포용하여 제자리에 세우라
우리의 뜨거운 가슴에 녹아질 때까지.

환희

종달새 노래하며
새순이 돋아나는 날
설레이는 마음 참지 못하여 노래 부르네
꽃잎이 흩날려 머리 위에 뿌려지는 날
내 마음 너무나 황홀하였네
꽃술이 흩날리어 향기 스치우던 날
구름 위를 걷는 것처럼
내 마음 한껏 부풀어 오르네
꽃길을 거니는 나의 마음 향기로 감싸 주고
거치른 볼 위에 입맞춤하네.

사랑 나무

창문 너머
사철 푸른 정원에다
사랑이란 나무를 심었습니다
보기에도 아름답고 사랑스런 나무이지요
봄이 오면 신비스런 잎새가 돋아나고
사랑스런 꽃잎이 피어나고
아름다운 향취가 풍겨 납니다
그대 머문 창가에도
사랑의 향취가 날아듭니다
세월 따라
뜨락엔 짙푸른 치장을 하고
빗물에 꽃잎은 떨어지고
나뭇가지에 원앙새 날아들어
사랑을 나눈답니다
가을을 알리는 싱그러운 바람 소리 들려오고
사랑 나무도 채색으로 물들어 갈 제
가지마다 탐스럽게 사랑스런 열매들이 익어 갑니다
가을이 깊어 갈수록
풀벌레 소리 청아하게 들려옵니다

찬바람 불어오고 눈꽃 흩날리는 시절에
사랑 나무는 옷을 벗은 채 움츠러듭니다
그러나 춥지만도 쓸쓸하지도 아니합니다
사랑으로 꽃피웠고
사랑으로 향취를 날리었고
사랑으로 열매를 맺었나니….

사랑의 편지

제2부

제아무리 좋아도

오빌의 정금이 제아무리 좋아도
주님 나라의 황금길만 하오리까
레바논의 백향목이 제아무리 좋아도
주님 나라의 진주문만 하오리까

시날산 외투가 제아무리 좋다 한들
울 엄마가 지어 주신 모시 적삼만 하오리까
물돼지 가죽 신발이 제아무리 좋다 한들
울 아버지가 만들어 주신 짚신만 하오리까.

울타리

세상엔 많은 울타리가 있지만
가시채와 같은 미움의 울타리가 있고
장미꽃 피어오르는 사랑의 울타리도 있지요
누군가가 나의 울타리가 되어 주듯이
나도 누군가의 울타리가 되고 싶은데
나는 아직 장미를 갓 심어 논
나지막한 울타리일 뿐입니다.

고난 후에 영광

모래톱니에 짓눌리어
순수한 진액이 아픔을 참아 내어
뭉치고 결정되어
영롱한 진주가 되어
여인네의 아름다운
목이 긴 사슴 같은 가슴에서
빛을 발하듯이
우리 가난하고 서글픈 사람들이
오만한 자들의 발부리에 채이어
구르는 돌처럼 쓸모없이 보여도
풀무불에 연단된 마광한 정금처럼
아름다운 보화 되어
금빛 찬연한 목걸이 되어
그대 아름다운 목에 걸리우리라.

무엇인가 되기 위하여

삼단 같은 검은 머리 은빛을 띠고
홍안은 잔주름 골골이 늘어가지만
부리를 맞대고 볼을 부비며
우리 서로 사랑을 나누는 한 쌍의 원앙이 되어
돌쩌귀가 맞물리어 질서를 지키듯이
서로를 이해하며 섬기면서
당신이 나에게 무엇이 되기를 바라기 전에
나부터 당신에게 무엇인가 되기 위하여
한 자루의 초가 되어
스스로를 태워 빛을 발하듯이
우리 서로 희생하며 밝음으로써
그날이 올 때까지 푸르게 살리라.

나는 부요한 사람

세상은
노도와 같은 풍랑이 일어도
가슴속에는
잔잔한 미소의 강이 흐르네
종일토록
지친 몸으로 헤매이다가
안식을 누릴 만한 집으로 나 찾아드네
보이는 나의 집은 허술하지만
영원한 나의 집은
눈에는 아니 보여도
황홀하리만큼 아름다운 거룩한 성이라네
축대는 벽옥으로 쌓여 있고
거니는 길은 유리 같은 정금이오
드나드는 문마다 진주로 되어 있다네
신선한 풀내음
날마다 아름다운 꽃이 피고
다달이 풍성한 열매가 맺히고
마당에는 생명수 솟아오르네
나의 집은 두 채나 되는
나는 부요한 사람이라오.

바람

강보에 싸인 갓난아기의 코끝에서
어머니의 젖가슴에서 고요한 바람이 인다
높다란 까치집에서
초가의 문풍지에서
스산한 바람이 인다
태풍이 일어나는 바다 끝에서
벼랑 끝을 맴도는 독수리의 날개 끝에서
강렬한 바람이 일어난다
끝도 없는 사막의 모래밭에서
부부가 맞닿는 안방에서
뜨거운 바람이 일어난다.

행복한 나그네

구름에 달 가듯이 가는 나그네인가
달밤에 구름 가듯이 떠나가는가
나그네란 본시 아무때나 갈 수 있나니
아침 노을 바라보며 가는 사람아
지난 세월에 숱한 그리움이 햇살을 타고
노을을 물들이며 달려왔었지
석양을 등지고 떠나는 님아
가다가 힘들면 쉬어 가게나
산허리 넘실거리는 꽃무리와
보랏빛 하늘이 이처럼 아름다운 줄은 미처 몰랐네
가는 길 고산준령에도
개울물이 세월 따라 흐를 것이네
날이 어두워진다고 두려워 말게
가다 보면 달빛이 휘영청 빛날 것이네.

슬픈 타향

천리 길 떠나 면목동 끝자락에
허상의 날개를 접어 본다
아는 이 하나 없는 고독한 골목으로
숱한 날들이 주마등 되어
옷깃을 스치고 지나간다
서글픈 날들이 환상이 되어
희로애락이 환청이 되어
머리를 스치고 지나간다
곱상한 백발의 주인 할머니의 따스함이 생각난다
나는 지금 누구에게 은혜를 끼치며 살아가고 있는가
이제는 슬픔의 날개를 접어 달 끝에 달고
환희의 날개를 활짝 펴고
내일을 향하여 날아가고 싶다.

시인 마을

춘풍으로 봄을 열어젖히고
아지랑이로 옥토를 갈아
은빛 가랑비로 씨 뿌리니
알록달록 시어들 고개를 내어 민다

태양빛 달아오르는
무지개 피어나는 여름날
온몸 땀에 젖어도 세월 탓 아니 하고
소담스레 꽃망울로 피어오른다

잿빛 하늘가 노을이 정겨운 가을날
봄 가뭄에 잔뿌리 굵어지고
장마에 잎사귀 청청하더니
나무마다 향긋한 시어들 주렁주렁 열린다

함박눈 내리는 긴긴밤 지새우며
화롯가 따뜻한 차 한잔에
창고에 가득한 시구들을 엮어 내어
세상을 밝히어 줄 등불을 만든다.

고적한 밤에

적막에 싸여
잠자는 잎새를 흔들어 깨우는
바람아
너는 바람 부는 날에
흐느끼며 슬픔을 노래하는
사연을 알고 있니
적막에 휘감기어
곤고한 줄기를 흔들어 메치는
바람아
강 건너 외로이 서 있는 형상들이
간밤에도 베임을당하였구나
고적한 밤에
잠자는 영혼을 흔들어 깨우는
바람아
야경이 깊기 전에 굳은 마음을
제하여 버리고
부드러운 마음을 소유케 하라.

그리움

그리운 사람이여
꽃이 피면 생각나는 당신이여
어느 날엔가
함박꽃 같은 미소를 머금고
한아름 아른거리는 안개꽃밭에서 거니는
그리운 당신이여
먼발치에서라도
단 한 번만이라도 보고 싶은
그리운 사람이여
기억 속에 희미해진 그리움이 사무칩니다
그대의 모습이라도 보고 싶소
그대의 목소리라도 듣고 싶소.

사랑이여

갓 피어난 꽃잎처럼
보드라운 모습으로 내 가슴에 꽃을 피우고
살랑이는 봄바람에 하늘거리며
날갯짓으로 다가오는 나비처럼
내 가슴에 와 닿는 향기로운 사랑이여
그대 사랑
항상 내 곁에 있기를 갈망하였는데
어느 날엔가 소리 없이 떠나가 버렸네
빗물에 젖은 수채화처럼
지워져 버리고
비 오는 날의
숲에서 날개를 접은 채 흐느끼는 나비처럼
가슴만 태우고 날아가 버린 당신이여
그 어느 날이었는지
저 하늘가에 비구름 떠나가고
푸른 하늘 시야에 떠오르고
어여쁜 나비가
날개를 저으며 숲에서 날아오를 때
멍든 내 가슴에

내 사랑 그대의 숨결이
보드라운 꽃잎으로 내려앉는 날
이내 마음
행복에 겨워서 황홀하였네.

나를 깨우지 마라

아지랑이 언덕 넘어 달려오는 산들바람이여

님 생각에 고이 잠든 나를 깨우지 마라
행여나 고운 님 나를 두고
떠나갈까 하노라

안개 낀 돌담길을 돌아오는 소슬바람이여

님 생각에 고이 잠든 나를 흔들지 마라
행여나 고운 님 나를 두고
돌아갈까 하노라.

그대 생각

그대 떠나간 자리에
그리움이 햇살을 타고 날아 앉고
지나간 날의 추억이 아련히 떠오르네
그대는 플로리다 오렌지 향처럼
상큼하게 다가와서 속삭였다오
봄바람 살랑일 때에
라일락 향내 그윽한 공원으로 데려간다고
숲속에 자리한 벤치에 앉아
그대 넓은 가슴에 얼굴을 묻고
한없이 행복했던 나날들이
이제 와 생각하니 한낮 꿈이런가
황혼의 보랏빛 메아리 되어
산 너머로 노을처럼 사라지려 할 때
홍방울새도 안타까워 날갯짓하네.

우리의 사랑은

암울했던 시절에는
어두운 터널을 지나왔소
역경의 세월에는
깊은 골짜기를 돌아왔소
거칠고 험한 순간에는
노도 광풍의 바다를 건너왔소
아픈 상처의 슬픔으로 인하여는
나의 눈물로 요를 적시었소
그러나 끝내는
인내로써 우리의 사랑은 이루어지고
당신과 나의 팔에 소망의 날개를 달았소
미래의 아름다운 꿈을 꾸며 예까지 왔소
지난날의 암울했던 역경과
험악한 아픔이나 슬픔은 잊기로 했소
우리의 사랑은 풀무 도가니의 정금처럼
영원히 평강으로 빛날 것이오.

고결한 그대

시냇가에 심기운 버들같이
그대는 청청합니다
화관을 쓴 왕비처럼
그대는 아름답습니다
고산준령의 백합화처럼
그대는 고결합니다
사막에 흐르는 시냇물처럼
그대는 시원스럽습니다
화창한 봄날에 피어난 들꽃처럼
그대는 향기롭습니다.

사랑의 편지

한 해가 저물어 가는
섣달그믐날 밤에
사락사락 눈 내리는 소리에 잠 못 이루고
보고픈 내 님에게 편지를 써 봅니다
사랑의 밀어를 속삭이듯이
길고도 애틋하게 쓴 편지를
품 안에다 고이고이 간직했다가
먼 훗날
대지 위에 아지랑이 피어오르고
종달새 지저귀며
남풍이 잔잔하게 불어오는 날
꽃바람에 실어 보내리
내 님에게 실어 보내리.

나 그대 곁에 머무를 수 없기에

나 그대 곁에 머무를 수 없기에
머나먼 길을 떠났지만
그대가 그리워서
창가를 환하게 물들이고파
어여쁜 꽃으로 피어났습니다
수줍음을 달래면서
지금 막 피어났습니다

나 그대 곁에 머무를 수 없기에
머나먼 길을 떠났지만
그대가 그리울 때에
보고플 때마다
찾아와서 두드리던 창가에
짝 잃은 비둘기로 날아왔습니다
외로움을 달래면서
지금 막 날아왔습니다.

복사골 처녀

복사꽃 아름답게 피어난 꽃길에
이름 모를 아가씨가 사뿐히도 거닌다
꽃처럼 피어난 홍조 띤 얼굴에
둥근 마음 고운 마음 담겨 있구나
몇 날 후에 꽃 떨어지고
열매 맺힐 때
내 사랑도 열매를 맺겠지.

작년 이맘때가 되었나 보다

보리 이삭이
노랗물이 들 때쯤이면
우물가 앵두가 빨갛게 익어 가고
봉선화가 붉게 피어날 때쯤이면
여름 햇살도 노랗게 익어 간다
보름달 소리 없이
중천을 비추일 때쯤이면
소쩍새 님 그리워 밤새껏 노래하니
작년 이맘때가 되었나 보다.

당신은

당신은
단비를 애타게 기다리는
농부의 야윈 가슴 같은 메마른 들녘에
물을 머금은 구름입니다
당신은
쓰라린 아픔의 상처가 가셔지기를
애타게 기다리는 여린 마음에
아름다움을 머금고 피어나는 꽃입니다
당신은
우리들의 야윈 가슴을 어루만질 듯
우리들의 여린 마음을 어루만질 듯
향내를 머금고 피어나는 백합입니다.

내 님은 오시려는가

화분에는 여름 수국을 보름달처럼 피워 놓고
내 님이 오시기를 고대합니다
비구름 걷히우고
무지개가 아름답게 피어나는 날
내 님이 오시는가 고대합니다
푸른 잎 우거진 수풀 사이로
맑은 물 흘러내리는 샛강 사이로
내 님은 오시려는가 기다려집니다
기약 없는 세월 속에
달덩이 같던 여름 수국도 시들어 가고
아름답던 무지개도 걷히우고
맑디맑던 샛강물도 탁하여지는데
기다리던 내 님은 오시질 않네
기다려도 내 님은 오시질 않네.

선녀처럼 천사처럼

구름 타고 온 선녀처럼
연분홍빛 꽃치마가 아름답습니다
무지개 타고 온 천사처럼
그대 내 곁에 항상 피어 있으라
슬픔으로 인하여 눈시울이 뜨거워지다가도
당신이 곁에 있으므로
눈물을 삼킬 수가 있었습니다
아픔으로 인하여 고난 중에서도
당신이 곁에 있으므로
위로가 되어 견딜 수가 있었습니다
기쁨으로 인하여 환한 미소를 지을 때에도
당신이 곁에 있으므로
기쁨이 갑절이나 되었답니다.

당신을 그리며

허리춤을 추는 능수버들 잎새마다
세월 따라 사연 따라 하늘거리는데
지금쯤 그대는 어디메서
가는 세월 안쓰러워 노래를 부르나요
나무마다 싱그러운 청록으로 물드는데
안타까운 이내 마음
어느 경점에나 푸르름에 잠기어 보랴
역사의 뒤안길로 사라지는 별빛처럼
시간의 흐름 속으로 빨려 들어가는 강물처럼
그대는 아름답게 피었다가 시들어 가는 꽃잎인가요
새벽녘에 울먹이다 사라지는 안개인가요
석양에 피고 지는 장밋빛 노을처럼
연가를 부르다가 떠나가는 철새마냥
어느 날엔가 훌쩍 떠나가 버린 당신을 그리며.

제3부 진실한 열매

위선을 벗고

금테 안경을 쓴다고 검은 글씨가
천연색으로 보인답니까

불테 안경을 써도 도수만
맞으면 잘 보이지요

여우 목도리를 두른다고
찬바람이 아니 옵니까

노모님의 한 올 한 올 떠주신
털목도리가 더욱 따스하게 감싸 줍니다

명품 가방 대신 무명천으로 된
가방이면 어떻습니까

그 안에 기쁨과 은혜와 사랑만
있으면 행복하지요

고급 구두를 신는다고

날아다닌답니까

고무신이면 어떻습니까
제 갈 길만 똑바로 가면 되지요

밍크코트를 입었다고
존경합니까

싸구려 점퍼를 입었어도
속사람이 아름다워야 우러러보이지요.

신실한 열매

정직한 마음에서
신실한 열매를 맺나니
겉을 화려하게 치장하느니
속사람을 아름답게
장식한다면 얼마나 좋으리오
회오리바람에 놀란 소녀가
갓 지어 입은 세마포 치맛자락에
오물이 튈까 봐 길을 나서다 말고 서 있네
거룩한 무리는 옳은 행실로 아나니
올곧은 삶으로 믿음의 정절을 지킬 때에
끝날에 칭찬을 받으리니
끝까지 신의로써 충성을 할 것이오.

감사할 수 있는 사람

가시밭길을 헤쳐 나가 본 사람만이
꽃길을 진정 감사할 수가 있다네
한 조각 빵을 놓고 눈물을 흘려 본 사람만이
일용할 양식을 대할 때에
진정 감사할 수가 있다네
험산 준령을 넘어 보지 않고서야
어찌 평원의 들녘에 감사할 수 있으리
골고다 언덕을 오르지 않고서야
어찌 아름다운 천성에
이를 수가 있으리오.

이런 자녀가 되게 하소서

작열하는 태양빛을 가려 주는
서늘한 그늘이 되게 하시고
목이 갈한 심령에게 시냇물이 되게 하소서
화평의 그릇이 되어
다툼이 있는 곳에 평강으로 서게 하시고
차가운 곳에 따스함을 전하는
발걸음 되게 하소서
가난한 이웃을 돌아볼 줄 알게 하시고
잠자는 영혼을 흔들어 깨우는
자명종이 되게 하소서
어린이를 사랑으로 보살피는 안위자가 되게 하시고
어른들을 공경하는
지덕의 사람으로 세워 주소서.

이 가을에 감사를

넉넉한 가슴속에
사랑으로 충만한 사람아
사랑할 사람을 찾아 사랑하라
그대 귓전에도
풍년가 들리는가
이웃을 생각하며 마땅히 감사할 이께 감사하라
해맑은 눈망울에
그리움을 채운 사람아
그리워할 사람을 찾아 그리워하고
차마 잊지 못할
추억을 간직한 사람아
아름다운 소식일랑 외치어라
그대 고결한 마음에
가을의 향기를 담았는가
고운 입술을 벌리어 이 가을을 노래하라
정겨운 미소로 가득한 사람아
낙심하여 슬퍼하는 이를 찾아
용기를 주어 위로하라
만유로 풍성한 이 가을에

따스한 손을 벌리어
곤고한 가슴에 채우라
그리하여 그대 서 있는 곳에
기쁨과 감사가 넘치게 하라.

자연과 사람

자연은 경이롭습니다
계절마다 동서남북 아름답습니다
그러나 사람은 추잡합니다

자연은 과학입니다
인간의 머리로는 상상을 할 수 없습니다
그러나 사람은 계산적입니다

자연은 아름답습니다
골짜기의 나무들도 들에 핀 들꽃들도 향기롭습니다
그러나 사람은 추합니다

자연은 충만입니다
바다나 하늘이나 대지까지도 가득합니다
그러나 사람은 공허합니다

자연은 사랑입니다
자연에 순응하며 손뼉을 치며 춤추며 찬양합니다
그러나 사람은 미워합니다

자연은 희망입니다
밤이 지나면 아침 오고 소나기 후에도 햇빛 납니다
그러나 사람은 쉽게 절망합니다.

참된 봉사

성령의 불을 피우는 화부가 될지언정
믿음과 봉사의 열기의 불을 끄는
소방수가 되지는 말아야겠네
외로운 곳에서 향기를 토하는 꽃을 꺾지 말고
황량한 들녘에 물을 주어 꽃을 피우는
아름다운 일에 앞장서는 사람이 되어야겠네
기쁨을 일으키며 화평을 선사하는 사람일지언정
남을 미워하며 싸움을 구경하는 사람이
되지는 말아야겠네
선행의 열심을 격려해 주는 사람이 되어
소망을 주고 희망을 주는 사람이 될지언정
좋은 일을 가로막는 어리석은 사람이나
이웃을 실망시키는 희망의 방해꾼이 되어서는
아니 되겠네.

천상에 본향을 둔 사람

천상에 본향을 두고 사는 사람은
이 땅을 불령하지 아니하고
편견을 멀리하고 오만을 싫어하며
슬픔이 와도 기쁨을 사랑한다네
불행이 와도 범사에 감사하며
알 길이 막막해도 하늘을 우러러 기도한다네
천상에 본향을 둔 사람은
항상 기뻐하며
이 땅에 연연하지 아니하고
열락의 구덩이에 빠지지 아니한다네
눈흘김을 당하여도 미움을 받아도
거기에 괘념치 아니한다네
천상에 본향을 둔 사람은
심성을 아름답게 날마다 수놓으며 살아간다네
건드리면 노래가 나오고
그리고 감사와 환희가 넘친다네.

애가 哀歌

눈을 들어
차마 볼 수가 없네요
아름다운 모습보다는
추한 모습이 너무 많네요

얼굴을
차마 들 수가 없네요
부끄러운 일들이
줄을 이어 꼬리를 물었네요

귀를 열어
차마 들을 수가 없네요
기쁜 소식보다
마음 상한 소리가 크게 들리네요

입술을 벌리어
차마 노래할 수가 없네요
슬퍼하며
괴로워하는 사람이 너무 많네요

길을 나 홀로는
차마 나설 수가 없네요
온 세상이
어둠으로 덮여 있네요.

나그네

이역만리
머나먼 이방의 나라 한 모퉁이에
내던져진 처량한 신세가 웬말인가
매서운 불황의 바람을 피하여
오늘도 코리안드림을 꿈꾸며
야망의 꿈을 안고
젊은 엘리트들이
눅눅한 컨테이너 골방에서
굉음 소리 난무하는 공장의 찬바람에
온갖 굴욕과 모욕을 참으며
갓 구워낸 빵 냄새 대신
돼지농장 분뇨 냄새 맡으며
방울방울 피 같은 땀을 흘린다
두고 온 처자식 생각에 고된 줄도 모르고
역경을 이기려고 몸부림친다
아이들의 새까만 눈망울을 생각하면
눈시울이 뜨거워진다
이 밤도 가족들 생각에 잠을 설치고
내일이 불안하여 견딜 수 없다

창 너머로 들려오는 배부른 웃음소리가
얄미운 소리로 귓전을 스친다.

왜?

세상과 인류와 도덕마저도
창자까지
제멋대로 자란 칡덩굴처럼 꼬여 버렸네
품삯을 도적맞은 양민들과
잠자는 지하철의 뒤켠에선 이름 모를 얼굴들
어찌하여 정다운 이웃들이 실업자가 되어
거리를 방황하며 고통 가운데 신음을 하여야 하는가
왜 무고한 백성들이 머리에 붉은 띠를 두르고
부당한 자들로 내몰려야 되는가
오만한 자들의 불량한 처사와 이기적인 사치 향락과
배부름과 교만함 때문이오
이웃을 사랑할 줄 모르는 비정함과
손을 펴 베풀 줄 모르는 무정함 때문에
갈 바를 모르는 고아와
가녀린 사람들의 울부짖는 소리가 하늘에
사무치는구나
권력과 부를 남용하지 않는 날
마음을 비우고 통곡하며 자복하는 날에
이 땅에 신고의 탄식 소리가 멎을 것인가.

심판의 날

거짓으로 끈을 삼아 죄악을 끌며
사악의 수레 줄로 포악을 끄는 자
악을 선하다 하며
흑암으로 광명을 삼고
쓴 것을 달다 하며
빈핍한 자를 불공평하게 재판하며
가련한 자의 권리를 박탈하는 자
과부에게 토색하고
고아의 것을 약탈하는 자
멀지 아니한 환란의 날에
어찌하려 하는가.

적막강산

썩은 냄새가 향을 대신하니
진리와 공의公義가 흑암에 묻히우고
산 위의 망대같이 찾아 보기가 어렵구나

자자刺字한 흔적이 고운 얼굴을 대신하니
정의와 신실이 죄악에 가리우고
영嶺 위의 기호같이 희귀하구나

굵은 베옷이 화려한 옷을 대신하니
정직과 성실이 죄얼에 가리우고
적막강산에 인애仁愛를 찾아볼 수 없구나.

진주 조개

태초로부터
인생들이 이토록
사악할 줄이야
늘푸른 바다 밑을 주름잡으며
풍성한 양식을
제멋대로 먹고 자란 사랑하는 우리들
어느 날 갑자기
감방 같은 촘촘한 그물에 갇히고 말았다네
너무도 슬퍼서 새하얀 눈물을
방울방울 흘리고 말았구나
쇠꼬챙이로 꼭 다문 입술을 벌리어
우윳빛 보드라운 속살을 찢어내어
이물질을 넣는구나
속 아픈 날들의 연속이었네
잘나 빠진 모가지에 걸기 위하여
이토록 잔인하게 한단 말인가
숨을 쉴 때마다 살점이 뜯기우고
물 한 모금 먹을 때마다
신고의 비닝 소리도 듣지 못하는 귀머거리들

눈물과 아픔의 몸부림도 보지 못하는 장님들이여
나의 찬란함이 영롱한 진주가 되어
너의 모가지에 걸리울 때
우리의 눈물방울이 탄식의 방울이 되어
방울방울 흐르는 뜨거운 눈물을
세어 보시는 조물주가 안 보이는가
허기진 배를 위하여는
내 한몸 기꺼이 주고 싶다만
욕심에 가득한 상인들이나
사치로 치장하는 인생들에겐
참으로 주고 싶지가 아니한 걸 어찌하랴.

유월이 오면

아카시아 꽃향기
그림자만 드리운 지 오래이고
골짜기마다 엎드러진 고목들이여
못다 핀 꽃봉오리 고이고이 간직한 채
그대들은 산화했네 조국을 위해
유월이면 그리워진 그대들이여
송이송이 피어나는 고운 장미야
너는 잊었는가 그날의 고함 소리
호국의 선열들이 울부짖던 눈물의 소리
담 너머로 너의 얼굴 소리 없이 내어밀 때
나는 느꼈었네 그날의 핏자국을.

열매

불의를 심고
화평의 열매를 바라시나요
이것은 어리석음의 표출이지요
미움을 심고
사랑의 열매를 원하시나요
참으로 황망한 생각이지요
거짓을 심고
진실한 열매를 소원하나요
바위에서 꽃이 피어나길 기다림이 어떨까요
싸움을 심고
평강의 열매를 소망합니까
차라리 머리를 숙이고 잠잠하는게 좋을 겁니다.

진실한 열매

낮은 낮대로
진실함으로 밝음을 말하고
밤은 밤대로
적막함으로 어두움을 말한다
꽃잎은 꽃잎대로
아름다움으로 어여쁘게 피어나고
열매는 열매대로
탐스러움으로 과실을 맺는구나
낮과 같이 정직을 천직으로 간직한 사람은
늘 푸른 시냇가에 심기운 버들처럼 청청하고
밤과 같이 침묵을 지키는 강직한 사람은
사철 푸른 강가에 심기운 나무처럼 진액이 충족하고
꽃과 같이 아름다운 심성으로 사는 사람은
늘 고운 사랑으로 가꾸는 꽃나무처럼 화려하게 피어나고
고운 마음의 생각으로 입술의 열매로 맺히운 사람은
다달이 풍성한 열매를 맺히운다.

태초에처럼

태초에처럼
흑암이 드리워진 채
혼돈하는 대지
공허한 마음
흙탕물로 더러워진 것처럼
아름다움은 사라지고
제자리에 있어야 할 것들이
자취를 잃어 가고
화려한 꽃들이 향기를 잃어 갑니다
우리들 입가에 미소를 머금을 수 있는 날들이
많았으면 좋으련만
어두움과 무질서로 인하여
상처가 아물 날이 없습니다.

등 너머 세계

햇볕 따가운 호주 어느 산동네
까맣게 그을린 소년이
양 떼에게 풀을 뜯기며
가시에 찔리고 벌에 쏘이며
웅덩이에 빠져서 발이 부르트고
해진 옷자락이 그 얼굴에 땀방울이
가냘픈 모습으로
구석진 창고 안 배고픈 소년이 양털을 깎는데
허우적거리는 어미 양의 기운에
기진맥진 애쓰는구나
깎인 털이 태산을 이루고
화물차에 실려 시드니 항구로
컨테이너선으로 부산항에
고속도로 질주하며 제사 공장에서 실을 잣고
염색 공장에 알록달록 물들이고
베틀에 앉아 직조하는 소녀의 손놀림에
베는 짜이고 양복지 되니
이름 모를 재단사의 가위질에
양목저고리와 바지가 되어

당신의 옷걸이에 걸리니
자태도 당당하구나 맵시도 아름답구나
당신을 감싸 주는 따스한 옷자락에
들판에 펼쳐진 풀밭의 양 떼를 그리며
당신은 그 마음을 입어 보나요
목장 너머엔 산새가 노래하는 아름다움도 있겠지만
옷깃에 아른거리는 목동의 서러움과 괴로움에
직조공의 눈물에 얼룩진 땀방울을 보았나요
슬픔에 한숨 섞인 외롭고 쓸쓸한 이들에게는
행복의 무지개만은 아니었지요
공단의 영롱한 눈망울들이 잠들 때쯤엔
어디선가 새벽을 알리는
두부 장수의 종소리가 들리는구나.

제4부 뿌리 깊은 나무

부엉이

모두가 잠든 어두운 밤
부엉이는 눈을 부릅뜨고 앉아 있다가
시가 한 수 떠올라서 읊조려 본다
사슴도 잠들고 딱따구리들도 잠들고
별빛도 스멀스멀 잠이 드는데
집 나간 우리 아이들은 왜 아니 오는고
길 건너 호숫가 원앙 한 쌍이
사랑을 나누느라 아직도 퍼득거린다.

뿌리 깊은 나무

시냇가에 심은 나무처럼
뿌리 깊이 박히니 진액이 충족하고
잎은 청청하여 젊음을 노래하고
빛은 화려하니 아름답구나
열매 튼실하여 심령이 배부르니
길게 드리운 그림자에
내 잠시 쉬어 갈거나.

은행나무 · 1

속살을 드러낸 은행나무 한 그루
아픔을 감춘 채 서 있네
상처로 인하여 얼마나 아팠을까
얼마나 괴로웠을까
움푹 팬 속살에 가만히 손을 대어 본다
그동안의 상처와 슬픔을 잊은 듯
수천수만의 잎사귀를 나부끼며
소리 내어 웃는다
많이 간지러운가 보다 나무에 귀를 대고 들어본다
인생들이여 남에게 상처를 주지 말아요
귓속말로 소곤거린다
손가락으로 아문 상처에 글씨를 써 본다
너를 사랑한다고 잎사귀들이 고맙다고 소리치며 웃는다.

은행나무 · 2

울안에는
아름드리 은행나무가
미모를 자랑하는 콧대 높은 아가씨처럼
버티고 서 있었네
아지랑이 노니는 봄날엔
보일 듯이 말 듯이
가지마다 마디마다 눈을 뜨더니
무지개 떠오르는 여름날 되어
너는 온통 진한 녹색으로 치장을 하였구나
오곡백과 무르익는 상큼한 이 가을에
너의 푸르던 청춘은 찾을 길 없고
샛노란 금빛으로 단장을 하였구나
겨울을 재촉하는 비는 내리고
바람이 불 때마다 삼라만상은 움츠러들고
고고한 은행나무 벗은 몸이 되어 가네
계절이 바뀐 줄을 너를 보고 알았구나.

민들레

화관을 쓴 공주처럼, 금빛 면류관을 쓰고서
세찬 비바람에도 굴하지 아니하고
짓밟힘에도 꿋꿋이 살아남아
너울을 쓴 오월의 신부처럼
꽃을 피웠네
세상이 변하여도 진리는 불변함처럼
나는 나의 길을 가려네
용기를 머금고 줄기가 자라나
인내의 깃털로 단장을 하였네
풀무 도가니의 연단된 정금처럼
샛노란 금빛 꽃송이를
때가 되면 보란 듯이
만인에게 드러내 보이도다
폭풍우 그늘 속에도
요란한 마차의 발자국 소리에도
무서워 떨지 아니하고
보름달보다 환한 웃음꽃으로
우리를 기쁨으로 영접하네.

금빛 수선화

포근한 강 언덕에 아지랑이 노닐고
금빛으로 수놓은 수선화의 물결이 정온한데
미풍이 살랑일 때마다
꽃들의 향취가 코끝을 현황케 하네
희미한 눈빛으로도 황홀한데
강물 위에 아른거리는 수선화의 꽃술 위에
새하얀 구름이 살포시 입맞춤하네
연분홍빛 춘색에 눈이 부신 날
초록빛 강물 위에 금빛으로 떨어지는 꽃잎처럼
고요한 강자락에 쪽배를 띄우고
강줄기 따라 내 마음도 유영을 하네.

노송

사철 푸른 잎새는 잎새대로
시들지 않는 청춘으로 살아 숨 쉬고
사방으로 뻗어 나간 가지마다엔
민족의 혼줄이 서려 있어라
우람하게 곧게 자란 원줄기에는
옹이 옹이 아픔으로 한이 서리고
얼기설기 깊이 박힌 뿌리마다엔
한민족의 숨소리가 깊이 박혔네.

하늘

꽃가루 흩날리는 봄 하늘은
아름다운 향기로 가득하고
무지개로 수놓는 여름 하늘은
천성에 가는 다리 같아 좋아라
낙엽이 흩날리는 가을 하늘은
기러기 떼 고향 찾아 날아가고
송이송이 눈 내리는 겨울 하늘은
고향 땅 봄언덕같이 포근해서 좋아라.

송선정 松仙亭

뫼와 뫼 사이
굽이굽이 펼쳐진 산자락이
병풍처럼 산울로 드리우고
향긋한 자연의 향취가
솔 냄새와 어우러져
산을 오르내리는 사람들의
코끝을 스치운다
신선이 노닐다 간 그 자리에
아담한 정자를 세우고
이른 아침 고요하게 머리 숙여
송선정을 오르는 사람들의
안녕을 기원하여 본다.

봉접이라면 몰라도

봉접이라면 몰라도
너의 초라한 날갯짓으로
화려한 꽃잎을 건드리지 말아 다오
행여 상처가 생길까 두렵구나
봉접이라면 몰라도
너의 어설픈 발놀림으로
가냘픈 가지 위를 뛰어 날지 말아라
여린 가지 끝이 부러질까 염려로다.

지상의 아름다움

향기로운 꽃밭에 꿀벌이 날아들고
풀 냄새 싱그러운 초장에는 양 떼가 입혔고
짙푸른 골짜기마다에는 곡식이 덮였도다
햇빛 따사로운 봄언덕엔
종달새 지저귀며 날아오르고
이름 모를 들꽃들이 웃음 짓네
파아란 하늘가에
뭉게구름 돛단배로 떠내려가고
산을 올라 보아도
들판을 달려 보아도
사랑하고 싶은 마음뿐이네
지상의 아름다움이 무성하게 피어오르네.

송학정 松鶴亭

솜털보다 부드러운
안개를 밀어젖히고
희망에 찬 아침은 열리었네
한아름 소망을 가슴 가득히 안고
송학정에 올라 보니
즐거운 산새 소리 우리의 귓가에
아름다이 들려오고
신선한 솔 냄새 코끝을 스치운다
새하얀 깃털을 가진 군학의 무리가
고고한 자태를 뽐내며
천년 묵은 가지 위에 둥지를 틀고
산을 오르내리는 사람들의 발걸음에
시선을 멈추고
부러움에 찬 모습으로 바라다보네.

회양목

구름 한 점 없는 동녘 하늘에
오늘 아침에도 해는 떠올랐습니다
찬란한 이 아침에
우리들은 희망을 안고 눈을 떠보았습니다
스산한 바람이 일어나고
우리의 연약한 잎새를 스치고 지나갑니다
바퀴 달린 괴물들이
굉음을 내고
흙먼지를 일으키고 달려갑니다
숨도 쉴 수가 없습니다
갓 피어난 살갗이 따갑습니다
누가 우리를 한길가에 심어 놓았나요
회양목은 서글픕니다
자라지도 못하게 잘라 버립니다
우리는 상처가 심합니다
세상이 무섭고 두렵습니다.

노을과 장미

서산에 해 기울어
호숫가 넘나들던 물새가
그리운 이 찾으러 날아든다
노을빛에 비춰진 장미의 아름다움이여
흘러간 장밋빛 사랑에
내 얼굴 붉어지고
담장에 드리워진 장미 송이로
나의 창가에도
온통 치장을 하고 싶소
중천에 떠오른 태양은
유난히도 찬란하더니
서산마루에 걸린 태양은
미루나무를 간지럽히다가
아쉬움을 남긴 채 산 너머로 빨려 들고
아름다운 저녁노을을
융단처럼 곱게도 깔아 두고
시인의 마음을 들뜨게 만들고
붉은 장미와
붉게 타오른 저녁노을이 어우러져

얼싸안고 춤을 추는
호수 위의 백조처럼
보는 이로 하여금 포옹하고 싶은
사랑을 느끼게 한다.

겨울나무

여기에
적나라하게 회개하는 마음으로
겸허한 차림으로 섰나이다
두 손을 높이
그리고 깨끗이 들었나이다
발에서 신을 벗고
경건한 마음으로 기도 드리나이다
지나간 여름날 폭염의 날개 아래
소나기 천둥소리도
연한 잎새를 두들기고 지나갔지만
심지가 굳어지고
포용하는 마음으로 채워졌나이다
지금은
풍한의 세월에 피골이 상접하여
앙상한 모습으로 여기 섰지만
오늘의 고통은 인고의 시간일지라도
미래를 기다리는 설레임으로
마른가지에서 실눈을 뜨고
춘색을 영접하기 위하여 채비를 서두르나이다

연한 순이 나오고
연초록의 잎새와
화사한 꽃망울을 터트리어
아름다운 향취를 날리려 하옵니다
만인이 부러워하는
소중한 열매로 장식하려 하옵니다.

춘색

소녀의 수정처럼 해맑은 눈망울에
티없는 희망이 서리고
비단결처럼 고운 머릿결을
꽃바람이 향기롭게 감싸 주네
복사꽃처럼 생기 어린 양볼에
꿀 향기 시샘하여 날아들고
뜨락에 서 있는 소녀의 봉긋한 가슴에도
황홀한 꿈이 소담스레 피어오른다.

봄날에

미소가 아름다운 그녀가
신호등 네거리를 지나고 있네
가로등 불빛 사이로
꽃비가 흩날리고
그녀가 두른 분홍빛 스카프에선
따스한 봄의 향취가 흩날린다

아~ 이 아름다운 봄날에
꽃처럼 부드러운 마음으로
향기로운 생으로 거닐고 싶다
야경을 산책 나온 한 쌍의 남녀가
벚꽃 그늘을 거닐며
마른가지에서 피어나는 꽃망울을 보며
신비스러움에 젖어든다.

봄이여

봄이여
그대는 따스한 바닷가를 날으는
갈매기의 날개 끝에서 실려 오는가
출렁이는 파도처럼 내 가슴에 파문을 일으키다가
잔잔한 미소를 지으며
내 마음에 와 가라앉는다
강물을 일렁이며 실어 오듯이
내 마음을 유혹하며 눈짓을 하네
유채꽃잎을 흔들어 깨우듯이
고요한 내 마음을 흔들어 주네
어젯밤에는 꽃잎을 간지럽히더니
오늘 아침에는 내 마음을 어루만지네.

오월의 행복

담장 너머로
장미꽃 무리의 웃음소리가
행복한 아침입니다

발 언저리에
찔레꽃 무리의 아기자기한
소꿉놀이 즐거운 정오입니다

앞산 중턱에
아카시아 향기를 토하는
너무나 감미로운 오후입니다

오월은 장미가 있어 아름답고
찔레꽃의 정겨움과
아카시아 향내음에 행복한 시절입니다.

오월의 아름다움

지상에서 참으로 아름다운 소리는
숲속의 새소리와
산골에서 흐르는 물소리입니다
그리고
오솔길을 걸으며
아이들과 함께 부르는 노랫소리입니다

지상에서 가장 아름다운 모습은
자연에 순응하여 돋아나는 푸른 새싹과
철따라 피어나는
이름 모를 들꽃들입니다
그리고
엄마의 품에 안긴
천진스런 아기의 모습입니다.

여름은 익어 가고

물 맑은 샛강 여울목에
날렵한 고기 떼가
물살을 가르며 튀어 오르고
계곡 사이로
하얗게 떠오른 뭉게구름이
영롱한 그림자를 드리운 이 저녁때
잠자리 머리 위를 스치어 날고
밭언덕에 심기운 옥수수는
속살을 드러낸 채 노랗게 익어 간다
강 건너 원두막에
강바람 살랑이며 일어날 제
수박의 둥근 선이 아름답게 드러나고
속살이 빨갛게 익어만 간다.

당신은 잘 아십니다

제5부

오! 베들레헴

오! 베들레헴
너 작은 고을이지만
복 받은 땅
은총의 땅이로구나
작은 동네 마구간에서 왕이 나셨구나
천진스런 아기로 오셨구나
뜨거운 물을 데워 주는 여인네도
탯줄을 잘라 주는 산파도 없었지만
세상을 책임지고 구원하실
구주께서 강생하셨구나
비단 금침 대신
자연의 냄새가 나는 짚을 깔으시고
고급스런 사관 대신 구유에 나셨구나
만왕의 왕께서 낮아지셨구나
낮은 자로부터 큰 자까지도
구원하실 계획이셔라
사람들의 축하 소리 대신에
천군 천사들 노엘의 합창이 들리는구나
하늘 아버지께서 흐뭇해하시며

미소를 지으시도다
자애로운 마리아도 세상을 향한 설레임으로
충만한 밤이로구나
오! 베들레헴
너 비록 작은 동네이지만
복 받은 땅
은총의 땅이로구나.

호리라도 남김없이

은을 받고 의인을 팔며
신 한 켤레를 받고 궁핍한 자를 파는
망령된 행실은 끊으며
가난한 자의 머리에 있는 티끌을 탐내며
겸손한 자의 길을 굽게 하며
부자가 젊은 여인을 탐내는 욕망의 세대여
천근만근 무거운 짐을 내려놓고
호리라도 남김없이 회개하시오.

춤추는 여인들

베냐민이 패망하던 날
한껏 멋을 부리고
여인들이 실로에 모여듭니다
버드나무에 수금을 걸어 놓고
비파 소리에 어우러져 춤을 추었습니다
난데없이 남정네들이 나타나
하나씩 붙들고 달아납니다
아이들이 울부짖고 남편들이 통곡을 합니다
산천초목이 눈물을 흘리고
물들도 슬퍼합니다
춤추는 여인들이 붙들려 갈 줄은
꿈엔들 누가 알았으리오.

향기로운 예물이 되어

우리 향기로운 예물 되어
소제를 드리는 마음으로
오늘 하루를 산다면
주께서 칭찬하시는 삶이 되리라

우리 삶 전체를
향기로 드리는 예물이 되어
언행 심사가 모본이 된다면
주께서 열납하시는 제물 되리라

우리 경건한 삶으로
누룩을 넣지 않은 고운 가루가 되어
향기로운 소제로 태워진다면
주께서 우리의 기도를 열납하시리

우리 사랑하는 마음으로
꿀을 넣지 않은 소제물 되어
이웃을 위하여 헌신하는 제물 된다면
주께서 향기롭게 받으시리라.

당신은 잘 아십니다

여보 행여나 인생행로에 여정이 순탄치 않고
어렵더래도 좌로나 우로나 치우치지 말 것은
당신도 아시는 바 우리의 발걸음은 주께서 평탄케 인도하실 것이오
여보 행여나 명예나 권세에 너무 집착하지 마시오
있는 그대로 겸허한 차림으로 사는 것이 행복인 줄을 당신도 잘 아실 것이오
여보 행여나 인생을 물질의 다수로 평가하지 마시오
태초에 지음 받았을 때에 벌거벗은 몸으로 왔으며
갈 때에도 빈손 들고 가는 줄을 당신도 잘 아십니다
여보 행여나 잘난 사람을 보고 질투하거나 주눅들 것 없지요
인생이란 애당초 공평하게 지어진 줄 당신도 잘 알고 있지 않소
여보 행여나 젊은 청춘을 보고 때묻고 지친 자신을 상처 입히지 마시오
당신도 푸르디푸른 젊은 날들이 있었음을 잘 아실 것이오
여보 행여나 좋은 일이 있다고 길거리에서 호탕하게 웃지 마시오

주위를 둘러보아 상처와 아픔으로 인하여
슬픈 이들을 염두에 두고 아무리 열린 사회라고 하지만
나만이 사는 것이 아님을 당신도 잘 아실 것이오
여보 행여나 전대를 가득 채운 사람을 부러워하지 마시오
인생살이가 돈만으로 사는 것이 아님을 덕과 진솔함으로 사는 것임을 당신도 잘 아십니다
여보 행여나 겉모습의 화려함이나 꽃 같은 아름다움을 보고 매혹되거나 유혹당하지 마시오
외모로 치장하기보다는 속사람을 아름다운 심성으로 가꾸는 것이 마땅함을 당신도 잘 아실 것이오
여보 행여나 사람들 귀에 들리라고 큰소리로 기도하거나 이웃이 알도록 구제하지 마시오
골방에서 기도하고 은밀한 중에 손을 펴 도웁는 것이 주의 뜻임을 당신도 잘 아실 겁니다
여보 행여나 지난날의 어려웠던 시절을 잊지는 않았겠지요
우리 마음을 비우고 신실하게 경건하게 사십시다
슬픔을 나누면 절반이 되고 기쁨은 나누면 배가 된다는 것을 당신은 지혜 있어 잘 아실 것이오.

구주 성탄

하늘도 차가웁고
땅도 얼어붙은 밤입니다
적막함이 짓누르는 고요한 밤에
높고 높은 하늘 보좌를 버리시고
낮고 낮은 땅 아래로 내려오신 주여
금빛 찬란한 영광을 버리시고
낮고 천한 인생을 구원하시려
하나님의 둘도 없는 외아들께서
인생을 입으시고 아기로 강생하셨네

종탑에 높이 걸린 십자가에는
네온의 불빛이 밝게 비추이건만
우리의 가슴속엔
차가움으로 움츠러든 지 오래입니다
오, 주여 이 밤이 지나기 전에
우리의 가슴속에 임재하시어
이웃을 뜨거운 가슴으로 품게 하소서

손마다에 들려진 촛불은

자기를 녹이면서 밝게 타오르지만
우리들의 손마디는 얼어붙은 지 오래입니다
오, 주여 이 밤이 지나기 전에
우리의 손마다 붙잡아 주시어
이웃을 돌아볼 줄 아는 섬기는 손들이 되게 하소서
오늘부터 영원함에 이르기까지
높은 곳에서는 하나님께 영광이오
땅 위에선 사람들에 평화입니다.

부활

산비둘기 평화로이 날갯짓하면
숲속의 어두움은 물러가고
따사로운 햇살이 이슬방울 영롱하게 비추일 때쯤이면
이제 숲은 온통 빗살이 무늬지어 내려오는 듯한
희열에 가득차 춤을 춘다

자 이제 웃어 보자 우리의 가슴을 활짝 펴고
무거운 돌들로 덮인 가슴들이 열리도록
자 이제 당당하자 우리의 마음을 활짝 열고
큰 돌들로 억눌린 마음들이 열리도록

신비롭고 놀라웁게도
당당하게 죽음의 권세를 깨뜨리시고
주께서 다시 살아나셨도다
움츠러든 만물이 소생되고
딱딱한 나뭇가지에서 새순이 나옴같이
우리의 강퍅한 가슴에 소망을 심으셨도다
우리의 여린 마음에 부활의 환희를 심으셨도다.

주님은 사랑이시라

주님은 사랑이시라
외로울 때 친구 되어 동행하시고
연약하여 힘들 때에 업어 주시네
슬퍼하며 눈물 흘릴 때에
다독거리며 어루만져 주시고
곁길로 갈 때에도 홀로 두지 아니하시고
안으시고 붙잡아 주시네
우리 모두 하나 되어
그리스도의 좋은 군사 되어
허물일랑 골고다 언덕에 묻어 버리고
슬픔일랑 등 뒤에 던져 버리자
예수님 안에 행복과 평안이 있네
예수님 안에 기쁨과 사랑이 있네.

어찌하오리까

묵은해가 기울어 가는데
부조리한 것들이
아직도 나를 서성이고 있습니다
미움도 시기와 질투도
온갖 더러운 것들을
해 지는 지평선 골고다
산자락에 묻어 버리고
관용과 사랑의 삶으로
인내와 용서의 사람으로
새천년 떠오르는 태양과
함께 살아가게 하소서
해마다 되풀이되는
이 어리석음을 어찌하오리까
용서하소서
불쌍히 여기시고 긍휼을 베풀어 주소서
연초에는 잘해 보겠노라
작정도 하였건만
저물어 가는 이 시간 생각하니
또 실패를 하고 말았습니다

어찌하오리까
가정에도 사회에도
교회에도 빛을 발하지 못하고
덕을 세우지 못하였습니다
사랑에 관하여는 겉옷뿐 아니라
속옷까지 나눠 주라 하셨는데
이웃을 돌아보지도 손을 펴
도웁지도 못하였나이다
목마른 자에게 물을 주지 아니한
사랑과는 무관한 삶을 살았습니다
천사의 눈에서 눈물을
흘리게 한 죄를 어찌하오리까
용서에 관하여는 일흔 번씩
일곱 번이라도 용서하라 하셨는데
이웃의 발을 씻기지 못하였고
넘어진 자를 일으켜 세우지도
아니 하였나이다
용서와는 무관한 삶을 고백합니다
어찌하오리까

희망의 새날이 밝아 옵니다
관용과 사랑의 삶으로
인내와 용서의 생으로 변화시켜 주소서
비틀거리는 발걸음을 바로잡아 주소서
향기 나는 생활로
다시 한번 기회를 주셔서
열매를 맺게 하시고
연말에는 주신 사명 감당하여
주 앞에 내어놓을 수 있는
명세서가 있게 하소서.

※섣달그믐날에

구원을 바라보라

무엇이 잘났기에
성민으로 부르시고 구원을 약속하셨나
압박과 설움에서
역청 구덩이와 진흙구덩이에서
해방하시려 주님은 위대한 역사를 시작하셨네
광야의 노정은
수없이 배반하고 수없이 거역하고
거스림의 연속이었네
인생의 여정이 순탄치만은 아니하였네
그러나 주께서 말씀하셨네
너희는 가만히 서서 여호와의 구원을 바라보라고
도우심을 지켜보라고
때로는 불기둥으로 때로는 구름기둥으로 인도하시고
배고플 때 만나로 메추라기로 채워 주셨네
광야길 사십 년을 헤매였지만
옷이 낡아지지 아니하였고 신발이 부릍지 아니하였네
바닷물을 동풍에 말리어서
육지같이 홍해를 건네주시며
속박에서 압제에서 구원하셨네

주님의 사랑에 감사하라
여호와의 위대하신 구원을 바라보라.

사도의 부탁

항상 기뻐하라 하셨는데
기쁨의 모습은 아니 보이고
희락의 모습보다는 슬픔의 모습으로 얼룩졌네요

쉬지 말고 기도하라 하셨는데
기도의 소리는 아니 들리고
간구의 소리보다는 아픔의 소리로 일그러졌네요

범사에 감사하라 하셨는데
감사의 노래는 아니 들리고
희열의 노래는 간데가 없고 불평의 소리로 가득찼네요

서로서로 사랑하라 하셨는데
사랑의 행실은 아니 보이고
미움으로 온통 덮여 있네요.

상반된 마음

사람들은 어리석다고 하지만
주님은 순수해서 좋으시단다
사람들은 나약하다고 하지만
주님은 천진스러워 좋으시단다
사람들은 똑똑하다고 하지만
주님은 명철한 자라고 좋으시단다
사람들은 아는 것이 많다고 하지만
주님은 지혜로운 자라고 좋으시단다
사람들은 약하다고 깔보지만
주님은 연약함을 담당하시고 좋으시단다
사람들은 가난하다고 무시하지만
주님은 심령이 가난하심을 더 좋으시단다
사람들은 그늘지고 소외된 곳을 싫어하지만
주님은 긍휼의 마음으로 그곳에 시선을 집중하신다.

호렙산 가시 떨기

호렙산 떨기나무 태우시던 주여
여호와의 불길로 태우소서
이내 마음 가시도 태우소서
병든 가지 벌레 먹은 잎새 태워 주소서
주 안에서 새롭게 피어나게 하시고
건강한 가지에서 새순이 돋고
꽃망울이 터지게 하소서
내가 서 있는 곳이
거룩한 땅이 되게 하소서
발에서 신을 벗게 하소서
진실한 그리스도의 향기를 발하게 하소서.

해 저문 날의 소망

산마루 덮고 있는 포근한 안개처럼
내 고향 산천은 아늑했었지
꽃 같은 시절은 지나고
굽이굽이 역경의 세월 험산 준령을 달려왔구나
지난날을 돌아보니
물안개처럼 아른거리고
앞을 내다봐도 시원함이 없어라
기력은 쇠하고 허리는 굽어지고
삼단 같던 머릿결의 아름다운 모양새도
빛바랜 단청처럼 볼품이 없구나
그래도 다행스런 것 있나니
너는 내 것이라고 인쳐주신 주의 사랑 힘입어
천국의 소망이 있기에 기뻐하며 사노라.

작은 자 같아 보일지라도

나는 모래알 같은
작은 존재이지만
주님은 바윗돌을 지으신
창조주이시랍니다
나는 한 방울의 빗물 같아 보일지라도
살아 계신 주님은
군함을 띄우는 창일한 바다를 지으신
창조주이시랍니다
나는 시들어져 가는 가을 낙엽 같지만
주님은 산들을 지으신
창조주이시랍니다
나는 비록 작은 자 같아 보일지라도
주님은 만물을 지으신
창조주이시랍니다.

여인의 간구처럼

태양 같은 은총이 아니라도 좋은 것은
그보다 더 큰 은총을
날마다 덧입는 삶이로세

달덩이 같은 은택이 아니더라도 좋은 것은
그보다 더 큰 은택을
날마다 덧입는 삶이로세

상에서 떨어지는 부스러기
은총이라도 좋은 것은
그것에 주님의 사랑이 묻어난다면
나는 그것으로 만족할 것이로세

이슬비 같은 은택이라도 좋은 것은
때마다 일마다 주님의 도우심을 입는다면
나는 그것으로 만족할 것이로세.

그날

여린 가지에 물오르고
살구꽃 아름다이 피어오르고
아지랑이 아물거리는 봄날엘지
산천이 푸르름으로 치장을 하고
빗방울이 굵어지는 천둥소리 요란한
여름날엘지
산봉우리 채색으로 물들어 가고
들녘은 황금빛으로 너울거리는
추수할 일군을 찾는 가을날엘지
문풍지도 소리내어 울고
삭풍에 나뭇가지 움츠러들고
눈보라 휘몰아치는 겨울날엘지
밤중엘지 새벽엘지
겨울날엘지
한가로이 쉬어 보는 휴일날엘지
우리는 알 수가 없지만
하나님만 그날을 아신답니다.

구원의 기쁨을 노래하라

산 자 같았지만
실상은 죽은 지 오래였다네
꽃밭을 거니는 줄 알았는데
알고 보니 수렁이었네
세상 보화가 내 것인 줄 알았는데
이제 보니 주인은 따로 있었네
광명한 밝음인 줄 알았더니
캄캄한 어둠을 헤매였다네
그대가 내 가슴에
향기로운 꽃망울인 줄 알았더니
이제 보니 꿈결 같은 허상이로세
죽은 자를 살리는 능력으로 나를 살리고
나의 눈을 뜨게 하셨네
이 사랑의 은총에 감사하라
이 구원의 기쁨을 노래하라.

가이없는 당신이여

빗물이 강물 되어 흐르듯이
나의 눈물 주야로 흐르고
당신을 떠나보내는 날
내 가슴 깊은 곳까지 저미어 오고
슬픔은 한없이 밀려오네
기어이 먼저 떠나보내야 하는 이내 슬픈 마음은
가눌 길 없어 애간장이 녹는구나
어린 자식들을 바라볼 때
앞이 캄캄하고
당신의 가는 길을 막지 못한 한정된 인간의 능력을
후회해도 소용없고 한탄해도 소용없네
가이없는 당신이여
부디 주님 품에 안기소서
눈물도 없고 슬픔도 없고
병도 없는 그 나라에서 편히 쉬소서.

긍휼

주님은 우리를 불쌍히 여기사
회개하는 영혼을 사랑하시고
모든 죄와 허물을 용서하시네

주님은 우리를 불쌍히 여기사
세상에만 머물게 아니하시고
영혼을 구원하여 천국 백성 삼으시네

주님은 우리를 불쌍히 여기사
두려움의 존재로 나타나지 아니하시고
미소를 머금은 갓난아기로 다가서시네

주님은 우리를 불쌍히 여기사
부족함이나 모자람을 꾸짖지 아니하시고
흔들어 넘치도록 채워 주시네

주님은 우리를 불쌍히 여기사
우리의 구하는 것 미리 아시고
하나를 구하면 둘을 더 주시네

주님은 우리를 불쌍히 여기사
일용할 양식뿐 아니라
있어야 할 모든 것을 허락하시네.

고상한 인품

주님을 닮은 고상한 인격은
온유한 인품입니다
눈앞에 슬픔이 와도
쉽게 눈물을 보이지 아니합니다
쓰라린 상처의 아픔이 와도
쉽게 좌절하지 아니하고
노도 광풍이 엄습하여도
쉽게 요동하지 아니합니다

주님을 닮은 고상한 인격은
이웃을 내 몸같이 사랑하는
자비의 인품입니다
어려운 사람을 만날 때에
손을 벌리어 나눔으로 베풉니다
슬퍼하는 자에게 위로가 되고
때로는 손과 발이 되며
눈과 귀가 되어 줍니다
뜨거운 가슴으로 안아 줍니다

주님을 닮은 고상한 인격은
이웃을 향한 안위하는 위로의 인품입니다
고난 당하여 낙심한 자에게
꿈과 용기를 심어 줍니다
애통함과 눈물이 없는
고통과 사망이 없는
천국의 소망으로 안내합니다

주님 안에는 참사랑과
평화가 가득합니다
진리와 공의가 가득히 피어납니다
주님 안에는 영원한 행복으로 충만하고
참된 기쁨이 넘쳐나는 안식처입니다.

어머니의
베틀 노래

발행 ㅣ 2025년 6월 3일
지은이 ㅣ 이현수
펴낸이 ㅣ 김명덕
펴낸곳 ㅣ 한강출판사
홈페이지 ㅣ www.mhspace.co.kr
등록 ㅣ 1988년 1월 15일(제8-39호)
주소 ㅣ 서울특별시 종로구 삼일대로 457, 501호(경운동)
전화 02) 735-4257, 734-4283 팩스 02) 739-4285

값 13,000원

ISBN 978-89-5794-589-6 04810
　　　978-89-88440-00-1 (세트)

※저자와의 협약에 의해 인지는 생략합니다.
※잘못된 책은 바꾸어 드립니다.